27
L n. 15755.

M. AIMÉ PARIS

ET

SES INVENTIONS.

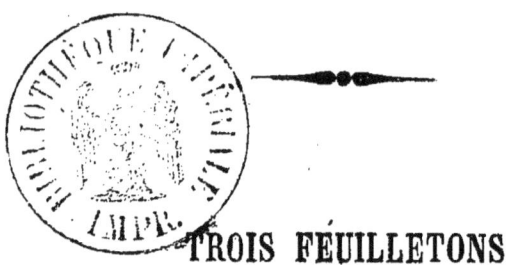

TROIS FEUILLETONS

DE

M. ALEXIS AZEVEDO

DANS L'*OPINION NATIONALE*

(25 AOUT, 1ᵉʳ ET 8 SEPTEMBRE 1863).

DIEPPE

IMPRIMERIE D'EMILE DELEVOYE

Rue des Tribunaux, 7.

1864

M. AIMÉ PARIS ET SES INVENTIONS.

I.

En parlant, il y a quelques mois, du Traité de M. Samuel David : l'*Art de jouer en mesure appliqué au Piano,* nous avons promis de dire ce que nous savons des travaux de M. Aimé Paris : nous venons aujourd'hui remplir cette promesse.

Bien nous en a pris, de limiter nos engagements au sujet des créations de l'infatigable, de l'inépuisable inventeur de tant de choses utiles : la simple liste de ses productions remplirait deux ou trois fois l'espace dont nous pouvons disposer aujourd'hui.

Lorsque l'on considère les travaux de M. Aimé Paris superficiellement, par leur seule masse, on ne saurait croire qu'une seule vie, même celle de l'homme le plus laborieux et le plus expéditif, ait pu suffire à les entreprendre et à les mener à bonne fin.

Lorsqu'on a pénétré la donnée fondamentale de ces travaux, l'incrédulité disparaît, laissant toute la place à l'approbation réfléchie, et bien souvent à l'admiration. Comment, en effet, se refuser à croire que cet homme extraordinaire ait fait ce qu'il a fait, puisque sa vocation, la tendance spéciale de son esprit, l'originalité de son génie, est précisément la création, pour une multitude de problèmes, de ce qu'on pourrait nommer l'*outillage intellectuel*, dont le secours rend possible ce qui était impossible, et facile ce qui était difficile.

Ce qui fait la puissance et l'originalité de M. Aimé Paris, c'est qu'il réunit en lui, dans une juste mesure, la triple aptitude du théoricien, de l'ingénieur et de l'ouvrier. Qu'un problème lui soit proposé : le théoricien, doué d'une rare sagacité scientifique, en a bientôt trouvé la loi, analysé et classé les éléments, sans en laisser un seul de côté, si petit soit-il. L'ingénieur survient alors, qui, s'emparant de la loi, de l'analyse et des classifications du théoricien, dessine le plan de la machine destinée à faire passer le problème des sommets glacés de la théorie aux champs fertiles de la pratique ; et l'ouvrier, s'emparant à son tour du plan de l'ingénieur, le réalise avec une habileté de main dont serait fier le contre-maître le plus expérimenté. Et ces trois hommes si supérieurs, chacun en son genre, ne sont qu'un seul homme ; et voilà pourquoi M. Aimé Paris a fait tant de choses, et les a si bien faites. Au lieu de chercher à résoudre quelques problèmes par les moyens ordinaires, à grand renfort de peines et de temps, il établit, pour son usage personnel, des systèmes de signes, des tableaux, des appareils qui lui donnent le moyen sûr de résoudre en quelques instants tous les problèmes de même espèce; ses procédés sont aux sciences dont il s'occupe ce que l'algèbre est à l'arithmétique, ce que les machines sont à la simple force musculaire.

Des signes, établis sur les conventions les plus commodes, sont ses ressorts. Ces signes, combinés de mille manières dans des formules, des tableaux, des appareils de toute espèce, sont des machines. Et, de la sorte armé, il mène à bien, en quelques instants, des entreprises scientifiques dont les plus habiles et les plus acharnés, dépourvus de ses moyens d'action, ne viendraient pas à bout en plusieurs mois, et parfois en plusieurs années.

A-t-il des notes à prendre dans une bibliothèque? Avec le secours de la sténographie, il en prend plus en une heure qu'on en pourrait prendre en trois jours en employant l'écriture ordinaire. A-t-il à trouver la solution de quelque problème bien chargé de chiffres et de termes barbares? Au lieu de gribrouiller indéfiniment des feuillets, il formule, en un clin d'œil, ces chiffres et ces termes barbares selon les conventions de la mnémotechnie, et les sait par cœur. Alors, portant tout avec lui, comme l'antique philosophe, il rêve à son problème, le tourne et le retourne de toutes les façons, sans livres, sans papier, sans plume, partout où il se trouve. Le trottoir de la rue, l'impériale de l'omnibus, sont les cabinets de travail où il fait le plus de besogne; de sorte que pas une minute de sa vie n'est perdue pour la science.

Ceux qui savent de combien le labeur mental est plus rapide que celui qui emprunte le secours de l'écriture ou même de la parole, saisiront de suite l'immense avantage que donne au penseur le fait d'avoir en mémoire, de la manière la plus solide, les éléments du problème à résoudre, et comprendront qu'il soit bientôt résolu. La pensée, comme l'étincelle électrique, est, pour ainsi dire, en dehors du temps. Réduire tout au labeur de la seule pensée, c'est centupler pour le moins la force et la vie.

Cependant, la mnémotechnie, qui rend cet inappréciable service à ceux qui veulent l'employer, et qui n'est pas aussi difficile à apprendre que la règle du jeu de piquet, la mnémotechnie ayant eu l'énorme malheur de faire rire, par la singularité nécessaire de la rédaction de quelques formules, certains esprits, très-forts sur le calembour par à peu près, les rébus, les *scies* d'atelier et autres belles branches de sciences utiles, a été tenue systématiquement en dehors des établissements d'instruction, où elle prodiguerait de merveilleux secours, en rendant très-faciles et très-solides toutes les études dont la mémoire est le principal outil.

Et messieurs les bacheliers, qui sont, comme on sait,

l'espoir de la patrie, continuent et continueront à ne plus guère savoir, le lendemain de leurs examens, ce qu'ils ne savaient pas trop bien la veille. Digne couronnement de huit années de casernes, de pensums, de labeurs accablants, de chagrins cuisants, de légumes moins cuisants et de dépenses ruineuses pour un grand nombre de familles.

Mais aussi, pourquoi la mnémotechnie s'avisait-elle, ne pouvant faire autrement, d'employer des formules singulières, lesquelles, d'ailleurs, s'apprennent plus facilement et se retiennent plus longtemps que les autres, et de provoquer ainsi les mauvaises plaisanteries des mauvais plaisants? Elle qui sait tant de choses, ne savait-elle pas le mot des importuns qui obsédaient Usbeck : « Vous êtes Persan? comment peut-on être Persan? » ou l'exclamation de Montaigne, qui, après avoir cité certaines coutumes très-raisonnables des sauvages de l'Amérique, récemment découverte, s'écrie : « Mais quoi ! ils ne portent point de hauts-de-chausses ! »

Avant d'aborder le détail de celles des inventions de M. Aimé Paris dont nous avons le projet de parler, disons quelques mots sur la vie de cet homme surprenant.

Il est né à Quimper le 19 juin 1798. Il a fait ses premières études au collége de Laon. En 1814, il se préparait pour les examens de l'Ecole polytechnique ; les événements militaires et politiques ramenèrent sa famille à Paris. Il fut, pendant quelques mois le commis de son père. Il suivit ensuite, pendant deux ans, d'après le conseil d'un ami de sa famille, les classes de réthorique au collége de Charlemagne, fit son droit à l'Ecole de Paris et fut reçu avocat en 1820.

Une singulière aventure lui fit quitter le barreau, pour lequel, d'ailleurs, il n'avait pas une vocation bien accentuée. A grand renfort d'arguments et d'effets oratoires, il avait fait acquitter un voleur en police correctionnelle. Cet heureux client alla le remercier chez lui. Quelques instants après le départ du client, l'avocat voulant sortir, chercha son chapeau, qu'il avait accroché dans l'antichambre. Le chapeau avait disparu. A sa place se trouvait la casquette du reconnaissant visiteur. L'idée d'avoir fait acquitter un si parfait honnête homme, dégoûta M. Aimé Paris du métier de défenseur de la veuve et de l'orphelin ; il ne plaida plus.

Au commencement de 1821, il suivit les cours de musique de Galin et devint bientôt le disciple favori et l'ami de cet homme éminent. A cette forte école, sa vocation pour tout ce qui touche à la philosophie des signes se développa comme par enchantement ; il rectifia une foule d'idées fausses qu'il avait reçues de l'enseignement universitaire, en étudiant, d'après les indications de Galin, les ouvrages de Destutt de Tracy et de Lemare.

En trouvant dans un ouvrage de Lemare l'éloge de Grégoire de Fenaigle, qui en 1808 avait fait des tentatives pour introduire la mnémotechnie en France, M. Aimé Paris se souvint qu'Andrieux, dans un de ses cours, avait signalé les procédés du professeur allemand et les avait trouvés dignes d'un examen sérieux. Il étudia les œuvres de Fenaigle comme il sait étudier, découvrit bien vite l'inconvénient de ses procédés, et trouva non moins vite les remèdes à ces inconvénients. Ce qu'il a fait de la mnémotechnie, les personnes qui, comme l'auteur de ces lignes, l'ont consciencieusement étudiée, le savent bien, et ne marchandent pas leur admiration à l'ingénieux, à l'inépuisable inventeur de tant de leviers intellectuels d'une puissance pour ainsi dire indéfinie. Ils se servent, à chaque instant, des outils créés par M. Aimé Paris, et, en s'en servant, ils remplissent de surprise leurs auditeurs, par des résultats dont on ne croirait pas l'organisation humaine capable. Mais ils hésitent à révéler les moyens qu'ils emploient, de peur de provoquer les critiques superficielles et les mauvaises plaisanteries, que la rédaction parfois bizarre des formules manque rarement de faire surgir. Aux gens émerveillés de la récolte, il ne faut pas parler du tout-puissant engrais auquel on la doit : cela blesserait l'exquise délicatesse de leurs oreilles élégantes. Il n'est pas sans exemple, d'ailleurs, que la mnémotechnie ait attiré des persécutions sur la tête des mnémonistes. La mésaventure de M. Aimé Paris à Nantes, en 1823, ne le prouve que trop.

Attaché en qualité de sténographe au *Constitutionnel*, après avoir rempli cette fonction au *Courrier français*, — il s'est servi de la sténographie, dès le collége, pour prendre les dictées de ses professeurs, et l'a perfectionnée d'après ses idées sur la philosophie des signes, M Aimé Paris consacrait le temps que lui laissait la clôture des sessions législatives, à faire des cours de mnémotechnie et de sténographie dans les grandes villes des départements. Après avoir professé à Rouen et à Lyon, il se rendit à Nantes, où régnait administrativement alors feu M. Brochet de Vérigny, préfet de la Loire-Inférieure. Le cours allait sans encombre et produisait des résultats très-beaux, lorsque tout à coup ce zélé magistrat le fit fermer brutalement. Pourquoi? La raison est curieuse ! M. Aimé Paris se servait, pour les numéros d'ordre des nomenclatures, de points de repère inventés par Fenaigle, d'après les analogies de forme entre les chiffres et certains objets.

Or, Fenaigle, en 1808, avait affecté à la désignation du nombre ordinal 15 un supplicié se tordant sur un pal. Le pal figurait le 1 et le supplicié tordu le 5 ; à celle du nombre ordinal 17 un pendu accroché à une potence : le pendu figurait le 1 et la potence le 7 ; enfin le nombre ordinal 16 était représenté par un enfant faisant monter et descendre le jouet qu'on nomme *l'émigrant* : l'enfant figurait le 1 et *l'émigrant* le 6. *Inde iræ !* L'intelligent préfet prétendit que M Aimé Paris professait la doctrine de l'empalement et de la pen-

daison des émigrés, et le cours fut fermé par ses ordres.
 Le professeur persécuté fit appel au ministre de l'intérieur de cette décision locale, et M. de Corbière s'empressa d'étendre à toute la France l'interdiction prononcée par M. Brochet de Vérigny ; et M. Aimé Paris dut désormais faire ses cours en Suisse, en Belgique et en Hollande. Cinq ou six ans après, sous le ministère Martignac, cette merveilleuse interdiction fut retirée. Mais le mnémoniste, qu'on ne prend pas deux fois au même piége, remplaça les points de repère de Fenaigle, et ceux qu'il inventa sont assurément les plus ingénieux et les plus efficaces qu'on puisse trouver par le système de la déduction.
 Voyant que la puissante doctrine de Galin, mort en 1822, allait périr dans les mains de disciples infidèles ou incapables, il fit des tentatives héroïques pour la maintenir, et il l'a maintenue, en la perfectionnant, comme il fait de tout ce qu'il touche. Mais à quel prix ? Dieu seul le sait !
 Après avoir fait des cours d'essai, pour se convaincre de sa propre capacité en matière de pédagogie musicale, il abandonna l'enseignement de la mnémotechnie, qui lui procurait une ample rémunération, pour se livrer entièrement à la tâche surhumaine de lutter contre les obstacles que les musiciens de profession ne pouvaient manquer d'opposer partout aux idées de Galin. — J.-J. Rousseau, du premier coup, s'était retiré, voyant ces obstacles, auxquels nous devons peut-être l'*Emile*, le *Contrat social* et le *Nouvelle Héloïse*.
 Ce que M. Aimé Paris a dépensé de volonté, d'intelligence, de temps et d'argent, dans cette lutte qui dure encore, mais bien affaiblie, et qui va se perdant de jour en jour, il n'est pas possible de le dire. D'un cœur résolu, d'un courage inébranlable, d'une ardeur inextinguible, il a tout seul, jusqu'au mariage de sa sœur, Mlle Nanine Paris avec M. Emile Chevé, fait face à tout, tenu tête à tout le monde : cours gratuits en grand nombre, polémique incessante, voyages continuels, compositions d'ouvrages didactiques, création des outils intellectuels qui devaient féconder l'idée-mère, fabrication d'appareils d'enseignement qui, vers la fin, formaient un bagage de dix-huit cents kilogrammes, et qu'il a construits de sa main, comme aurait pu le faire un simple ouvrier, correspondance énorme, rien ne l'a fatigué, refroidi, arrêté un seul instant.
 Aujourd'hui, à l'âge de soixante-cinq ans, il est aussi capable, intellectuellement et physiquement, de créer et de lutter, qu'aux premiers jours de sa carrière militante dans l'enseignement musical, et tout fait penser qu'il ne mourra pas sans avoir vu le triomphe complet de la doctrine dont il a été le saint Paul.
 Pour M. Aimé Paris, la fonction des signes est le point essentiel ; tout le reste est secondaire. Il a certes bien raison. Au premier coup d'œil, on croit que la manière d'écrire le

nombre mille avec l'M des chiffres romains est supérieure à celle que nécessitent les chiffres arabes (1,000), parce que l'une dit tout d'un seul caractère, tandis que l'autre en emploie quatre pour exprimer la même idée. Essayez, cependant, de faire une règle de trois avec les chiffres romains, et vous verrez dans toute leur étendue, après avoir échoué, et l'extrême puissance des signes bien appropriés à leurs fonctions, et l'extrême impuissance de ceux qui n'ont pas cet avantage.

De toutes les inventions de M. Aimé Paris, celle qui deviendra le plus tôt populaire est très-certainement la langue syllabique qu'il a créée pour l'enseignement et la pratique du rhythme. Les résultats en sont d'une promptitude et d'une efficacité sans pareille, non-seulement dans la musique vocale, comme on affecte de le croire et de le dire incessamment, mais encore dans la musique instrumentale. Mlle Alix, en faisant lire à première vue des morceaux de piano par cinq ou six jeunes filles simultanément, a mis ce dernier point hors de tout débat sérieux.

Jusqu'à la création de cette langue rhythmique, où les mots sont à la fois les signes de l'idée et les outils de la pratique, l'art des sons, au point de vue pédagogique, manquait d'un élément indispensable. On pouvait, pour le diatonique et dans le seul ton d'*ut* PARLER l'intonation rapidement et d'une manière absolument précise, avec les noms des notes de la gamme. Mais on ne pouvait PARLER le rhythme, encore moins l'exercer, avec les noms de rondes, noires, croches, quart de soupir, etc.; d'abord, parce que ces noms ne représentent par eux-mêmes aucune division précise, étant soumis, comme ils le sont, à une équation perpétuelle avec le signe indicatif de la mesure, et ensuite, parce que, pour indiquer les fractions d'un temps divisé d'une manière un peu compliquée, ils produiraient des phrases d'une longueur et d'une obscurité désespérantes. Comment, d'ailleurs, scander le rhythme exactement avec des noms non syllabiques? Les plus surchargés de syllabes sont justement ceux qui expriment les durées les plus brèves!

Ce que voyant, M. Aimé Paris eut recours à des conventions si rapprochées de la nature des choses, qu'elles ne sont plus pour ainsi dire, des conventions. Prenant pour unité cette portion de la mesure qu'on nomme un *temps*, d'après l'admirable principe de l'écriture rhythmique de Galin, il affecta, comme cela devait être, les voyelles aux durées remplies par des sons, les consonnes aux articulations de ces mêmes sons, et la syllabe *chu* (abréviation du mot *chut!*) aux silences.

La division simple du *temps* se fait en deux ou trois parties. A — la première des voyelles — exprime la première partie; E la seconde et I la troisième, dans les cas de division ternaire.

Un son, dans le rhythme, peut être ou articulé, ou prolongé, s'il provient d'une articulation antérieure. La consonne т, choisie d'instinct par les flûtistes pour le coup de langue de l'attaque du son, exprime l'articulation des divisions simples dans la langue de M. Aimé Paris. Donc, *ta* y est toujours le signe de la première partie articulée du *temps*, *té* de la seconde, *ti* de la troisième. La voyelle sans consonne est le signe de la prolongation; ainsi *ta té ti* dit très-nettement et très-rapidement : trois tiers de *temps* articulés ; *ta é ti*, un tiers articulé, un tiers prolongé, un dernier tiers articulé; *ta chu ti*, un tiers articulé, un tiers rempli par un silence et un dernier tiers articulé; en termes ordinaires de musique, cette dernière décomposition du *temps*, dans la mesure à six huit, doit être parlée comme ceci : *une croche, un demi-soupir et une croche*. Est-ce plus clair? non certes ! mais c'est infiniment moins rapide, et par-conséquent tout à fait impropre à l'exercice du rhythme au moyen des seuls mots.

Pour la première subdivision du *temps*, en quarts ou en sixièmes, M. Aimé Paris affecte la consonne *f* à la signification des deuxième et quatrième quarts, des deuxième, quatrième et sixième sixièmes. Donc *ta fa té fé* exprime quatre quarts articulés, et *ta fa té fé ti fi* six sixièmes.

Cette introduction d'une nouvelle consonne est justifiée par la nécessité de désigner d'une manière précise les termes de la subdivision, et par la nécessité non moins impérieuse de rendre facile la prononciation très-rapide du mot de la langue rhythmique. Sans la rapidité, tout serait perdu, car on n'arriverait pas à temps, et la répétition fatigante de la même consonne rendrait impossible cette rapidité.

Comme on le voit, toutes ces conventions sont bien simples, bien près de la nature, bien justifiées par les exigences du problème proposé. Dans la pratique, elles produisent des résultats d'une promptitude, d'une sûreté merveilleuses. Mais elles ont fait rire certains plaisants. Pouvaient-ils entendre sans pouffer *ta-fa-té-fé-ti-fi*, qui, en réalité, n'est ni plus ni moins ridicule qu'*ut, ré, mi, fa, sol, la, si*, dont on a fait, par combinaison, le jeu de mots *sol facile à cirer* et mille autres calembredaines de même sorte?

Mais *tarte à la crème est détestable !* Les marquis l'ont décidé, et nul n'oserait s'élever contre leur décision. En continuant cet examen des inventions de M. Aimé Paris, nous aurons pourtant le chagrin de les contredire, et nous devrons invoquer toute notre philosophie pour nous en consoler.

II.

Si l'on croit, avec tous les philosophes, que le degré de perfection d'une science doive être mesuré au degré de perfection de son écriture spéciale et de sa langue technique, on doit convenir que la science musicale était dans un état voisin de la barbarie avant les réformes dont Jean-Jacques Rousseau prit l'initiative, et que l'adoption générale de ces réformes remédierait à bien des choses fâcheuses.

Mais les musiciens de profession, ou la plupart d'entre eux, au moins, jaloux peut-être de conserver le monopole d'une science dont l'acquisition leur a coûté tant de peines et de temps, ou désireux de la faire payer à autrui le prix qu'elle leur a coûté, sont sourds, et des pires sourds, à toutes les propositions de réformes, l'excellence et la nécessité de ces réformes fussent-elles aussi clairement démontrées que les vérités de la géométrie. D'après eux, tout est pour le mieux dans la meilleure des sciences possibles : écriture, langue technique, règles et le reste; les réformateurs sont des brouillons et les remarques critiques dont ils appuient leurs projets, des inepties et des injustices.

Quant aux philosophes, de quoi se mêlent-ils, eux qui ne savent seulement pas la fonction d'un huitième de soupir pointé dans la mesure à douze-quatre, avec leurs jugements appuyés sur la perfection relative des écritures spéciales et des langues techniques? Seraient-ils simplement en état de composer une romance ou de jouer de l'ophicléide? et pour la plus grande gloire des sept clefs, des doubles croches, et des règles du contre-point, on les relègue avec un dédain superbe dans les brouillards trans-rhénans de l'objectif, du subjectif et des *noumènes* de Kant.

A la bonne heure! Récusez les philosophes, messieurs les musiciens, et conservez superstitieusement vos règles, faites, bien souvent, on ne sait par qui, on ne sait pourquoi! Les plus grands d'entre vous, cependant, n'ont pas gardé les mêmes préjugés, heureusement pour l'art. Ainsi, un certain Gluck, auteur de quelques partitions dont vous appréciez sans doute le mérite, dit, dans une de ses préfaces : J'ai toujours sacrifié de bonne grâce les règles à l'effet. »

Un nommé Mozart, non moins avantageusement connu, s'écrie dans sa lettre du 27 septembre 1781, adressée à son père : « Les poètes (les librettistes), me font presque l'effet des joueurs de trompette avec leurs fanfares : *ils tiennent, comme ceux-ci, aux farces de leur métier.* Si nous autres compositeurs, nous voulions toujours suivre scrupuleusement nos règles (*qui étaient fort bonnes,* QUAND ON NE SAVAIT RIEN DE MIEUX), *nous ferions d'aussi mauvaise musique qu'ils font de mauvais livres.* » Et Beethoven répondant à une observation de son élève Ries : « Albrechtsberger défend ces quintes, dites-vous, *et moi, je les permets!* » Et le Pesarote Rossini ne manque pas de signaler aux érudits, par une note ajoutée à la partition de *Guillaume Tell*, note dont la forme sérieuse voile peu la raillerie du fond, qu'il a commis l'horrible forfait de quelques quintes prohibées, à la *coda* de la prière du second acte de cet admirable ouvrage.

Voilà donc la doctrine sacro-sainte ébréchée par Gluck, Mozart, Beethoven et Rossini. Ces grands hommes sont-ils pour cela des hérétiques ? En aucune façon ! Du haut de leur génie, ils ont dédaigné des règles pédantesques, brisé des entraves nuisibles, détruit des obstacles déraisonnables, et ce faisant, ils ont poussé l'art des sons et des rhythmes à un degré de perfection qui laisse en arrière d'un ou deux siècles l'échafaudage informe d'une science à peine ébauchée.

En l'absence de compositeurs capables de faire faire à l'art un pas décisif dans les voies de la perfection, la tâche de notre époque transitoire est de mettre la science au niveau de cet art ; et puisqu'une bonne écriture spéciale et une bonne langue technique sont les conditions indispensables d'une science bien faite, le devoir de tous ceux qui savent penser est d'examiner sérieusement les projets d'écritures spéciales et de langues techniques, et de les propager de toute leur force, lorsque l'examen leur fait voir qu'ils remplissent bien les conditions du problème.

N'est-il pas bien regrettable que la moitié de la musique, et sa moitié la plus importante, car sans elle l'autre serait bien peu de chose, n'est-il pas bien regrettable que le rhythme, jusqu'à Galin, ait été privé d'une écriture positive, où chaque fait soit toujours représenté par le même signe, où chaque signe représente toujours le même fait, et ne puisse représenter que ce fait ; et jusqu'à M. Aimé Paris, d'une langue spéciale, remplissant, dans l'ordre des signes oraux, les conditions que remplit l'invention de Galin dans l'ordre des signes écrits ?

Mais les choses, probablement, ne pouvaient aller plus vite, car les philosophes, sauf Jean-Jacques Rousseau, n'étaient guère musiciens, et les musiciens n'étaient guère philosophes ; le sont-ils devenus ? Ils le prétendent plus qu'ils ne le prouvent !

Rousseau, d'ailleurs, qui d'un coup de génie avait résolu la terrible question de l'intonation, en voulant, avec la nature, que toutes les gammes fussent réduites à une seule, n'avait pas, il s'en faut de beaucoup, montré la même sagacité dans la question du rhythme. Dominé par la dangereuse idée de l'économie des signes, — nous avons signalé les dangers de cette économie au sujet du nombre mille des chiffres romains, — il avait pris pour son écriture, deux unités des durées, celle de la mesure et celle du *temps*. De cette qualité d'unités, naissent logiquement les vices nombreux de ses signes rhythmiques.

Galin, en grand mathématicien qu'il était, n'eut pas besoin de longues analyses des faits de la musique pour découvrir que l'unité dont tout le système découle est la seule unité du *temps*. Tout, en effet, à part le *temps*, est variable dans le système musical des durées, puisque la diversité des mesures résulte du plus ou moins grand nombre de *temps* qu'elles contiennent. Qu'il soit plus ou moins lent ou vite, le *temps*, c'est-à-dire, l'instant compris entre deux mouvements de la main battant la mesure, est le type qui, multiplié ou divisé, remplit la fonction du mètre dans notre système décimal : tout en sort, tout y retourne.

De là à vouloir que l'unité fût toujours représentée par le même signe, et à trouver le meilleur signe pour représenter l'unité, il n'y avait qu'un pas. Ce pas fait, l'écriture positive des multiples et des divisions du *temps* surgit comme d'elle-même.

Mais le signe écrit, si bon soit-il, ne suffit pas à tous les besoins. Un art aussi exclusivement oral que l'est la musique, a bien plus besoin que tous les autres du signe oral.

M. Aimé Paris, en créant sa langue des durées, a comblé la lacune. Mais aurait-il pu la créer avant l'apparition de l'écriture rhythmique de Galin? Non sans doute! Et la preuve, c'est qu'elle n'est que la simple traduction de cette écriture, mais la traduction la plus précise et la plus ingénieuse qu'il soit possible de trouver, nous le croyons fermement.

Cette langue des durées, dont nous avons tenté de donner un aperçu au lecteur, répond à tout ce qu'on peut exiger d'une langue technique. Du même coup, signe idéologique et outil diviseur d'une précision parfaite, d'une commodité merveilleuse, chacun de ses mots représente à l'esprit, d'une manière inaltérable, un *temps*, quels que soient le nombre et la variété de ses éléments constitutifs : articulations, prolongation, silences, et donne le moyen de les réaliser immédiatement avec une régularité de chronomètre.

Comment M. Aimé Paris s'y est-il pris pour établir une langue qui fût à la fois le signe idéal des éléments rhythmiques et l'outil précis et commode de leur réalisation, dans la pratique de l'enseignement et dans l'exécution définitive des œuvres? De la façon la plus simple, la plus directe du monde! Il a donné au mot métrique autant de syllabes qu'il y a de divisions dans le *temps* proposé. En scandant régulièrement ces syllabes à distance égale l'une de l'autre, on résout toutes les difficultés de la question, quels que soient, répétons-le, les éléments dont le *temps* est composé, puisque chaque syllabe exprime, avec la plus parfaite précision, les faits d'articulation, de prolongation ou de silence.

Pour avoir pleine et entière conscience de la valeur d'une telle invention, il faut l'avoir vue à l'œuvre, avoir constaté soi-même expérimentalement les résultats si rapides et si positifs produits par son application. Nous osons affirmer qu'avec son secours, l'étude des combinaisons rhythmiques, si lente, si confuse, si pénible avec les moyens ordinaires, devient presque un jeu d'enfant.

Dès la seconde ou la troisième leçon, les élèves comprennent et réalisent des syncopes et des combinaisons de silences à contre-temps dont seraient fort embarrassés, au bout de deux mois, ceux qui travaillent selon les seules prescriptions des solféges. C'est que la construction du mot métrique présente la division du *temps* toute faite, pour ainsi dire, et que rien n'est plus facile que la construction de ce mot métrique à la vue du signe écrit.

Essayons de donner une idée des principaux avantages qu'offre l'invention de M. Aimé Paris. En affectant le signe oral à des choses qui, jusqu'à elle, en avaient été privées, en fournissant un moyen rapide et précis de PARLER le rhythme, elle offre au professeur s'adressant à ses élèves, au chef d'orchestre dirigeant ses musiciens, au compositeur communiquant ses intentions à ses interprètes, la faculté précieuse d'expliquer, de démontrer, de rectifier, de diriger avec toute la brièveté du commandement militaire le plus bref et la précision la plus rigoureuse.

Ceux qui savent par expérience combien les interruptions, en arrêtant l'impulsion, rendent longs, lourds et pénibles les travaux des leçons et des répétitions comprendront l'extrême commodité d'un idiome qui permet de tout indiquer, de tout rectifier d'un seul mot, sans rien interrompre, et par-conséquent sans perte aucune de l'impulsion, de l'entrain, de la chaleur.

Cette langue donne le moyen certain de relever, pour tout ce qui concerne le rhythme, la critique musicale de l'état d'infériorité où elle végète, faute de vocabulaires positifs. Lorsque la critique pourra, sans crainte de rester incomprise, *raconter* les rhythmes d'un opéra, comme elle en raconte les scènes, l'obligation de placer les pièces du procès sous les yeux du public par voie de citation, comme on fait pour la poésie ou la prose, ne permettra plus à l'injustice, à l'ignorance, à la cupidité, de louer ou de dénigrer sans raison, les œuvres et les compositeurs.

Comme moyen pédagogique, les avantages de cette langue sont de la plus parfaite évidence ; elle permet d'étudier le rhythme en lui-même, indépendamment des autres éléments de la musique, et par ce seul fait, elle enlève les principales difficultés des études. La division du travail, en effet, n'est pas moins féconde pour l'art d'enseigner que pour l'industrie.

Lisez dans les ouvrages des économistes les prodiges qu'elle produit. C'est un axiome de toute saine pédagogie qu'il faut aborder séparément chaque partie des études. Or, comment obéir à cet axiome avec les solféges, où, faute d'une langue métrique, le travail d'apprentissage du rhythme n'est possible que joint à celui si pénible de l'intonation ?

Et c'est pour cela que Rossini a dû, dans sa lettre à M. Samuel David, déplorer la décadence du rhythme, « sans lequel, dit-il, *tout reste incompris, décoloré,* » et qu'un autre compositeur, d'un bien grand mérite, sortant de la répétition du meilleur opéra qui ait été produit depuis quelques années, s'est écrié avec l'accent du plus profond désespoir : « Il n'y a plus de rhythme ! »

Les apprentis chanteurs se ressentiraient avantageusement

de l'adoption de la langue de M. Aimé Paris. Ils pourraient s'approprier tout ce qui concerne les durées, c'est-à-dire la moitié de la musique, en parlant en mesure ; de la sorte, ils économiseraient le trésor que Dieu leur a donné, le sujet de toutes leurs espérances, le point d'appui de toute leur carrière : la voix. En parlant sans chanter, ils deviendraient facilement excellents *tempistes*, ce qu'ils ne sont pas souvent. Ils ne désoleraient plus, par les libertés qu'ils prennent envers la mesure, et les orchestres chargés de les accompagner en les suivant dans tous leurs écarts, et les compositeurs dont ils défigurent fréquemment les idées.

Voix conservées dans toute leur fraîcheur, au lieu des voix fanées dès l'école par des études mal dirigées, connaissance positive des œuvres à réaliser par l'interprétation, accompagnateur mis à l'aise et accompagnant d'autant mieux, interprétation fidèle de la pensée des maîtres, satisfaction de savoir nettement ce qu'on doit faire, sont-ce là tous les avantages que les chanteurs pourraient retirer de l'emploi de la langue des durées ? Non !

Il en est un autre fort considérable : ils chanteraient mieux, et pourraient aborder avec sécurité le style orné, auquel ils deviennent tous les jours moins aptes, parce que sans le rhythme, et le rhythme très-rigoureusement observé, il n'est pas de bonne vocalisation possible. Consultez sur ce point et les maîtres de chant, — ceux, bien entendu, qui ne sont pas des empiriques et de simples marchands de cachets, — et le maître du chant, Rossini. Leur réponse vous fera voir que nous ne voyageons pas dans les régions chimériques de l'utopie.

Sans la langue des durées, le prodige de l'écriture musicale sous la dictée d'une voix qui vocalise ou d'un instrument qui joue, ce prodige, qu'on applaudit si fort aux séances expérimentales de l'Ecole Galin-Paris-Chevé, et qu'on n'applaudit que là, puisqu'on ne le voit pas ailleurs, ne pourrait être effectué. Comment, en effet, saisir au vol les combinaisons multiples et fugitives du rhythme, les éléments de ces combinaisons, l'ordre dans lequel ces éléments sont employés dans la dictée proposée, si l'on ne peut, d'un mot rapide comme la pensée, les formuler et les loger en sa mémoire pour les transporter ensuite sur le papier ? On n'y parviendrait pas, et, mille exemples le prouvent, on n'y parvient pas ! La dictée musicale n'existe que dans l'Ecole Galin-Paris-Chevé, surtout parce que la langue des durées n'est pratiquée que là.

Cela vaut qu'on y pense. Une bonne éducation musicale élémentaire doit, comme l'éducation générale élémentaire, comprendre la lecture et l'écriture. Ce sont là deux termes inséparables. Or, l'enseignement par les solféges usuels, en lui accordant toutes ses prétentions, ne va pas au-delà de la lecture, quand toutefois il y va. L'écriture est pour lui lettre close.

Faire réaliser en sons mesurés les signes écrits, après plusieurs années d'un travail rebutant, est toute son ambition. Quant à faire fixer en signes écrits les chants entendus, il n'y prétend pas et n'y saurait prétendre. Nous prions le lecteur de conclure lui-même.

Faute d'employer les moyens promps et positifs de former de bons choristes, nos théâtres lyriques sont réduits, pour les masses chantantes, au plus lugubre empirisme. Pour que les infortunés choristes apprennent par voie de serinage le répertoire d'un de ces théâtres, il faut des années, et lorsqu'ils le savent, on est obligé de les garder quand même, n'eussent-ils plus vestige de voix, eussent-ils commis quelque grave infraction aux règles du service : *on ne pourrait les remplacer.*

De là vient qu'en réalité, ils dirigent bien plus leurs directeurs qu'ils n'en sont dirigés. Combien de premières représentations ont été retardées par leur fait? Combien de travaux préparatoires ont été prolongés, par leur seule volonté, au delà de toutes les bornes raisonnables, au grand désespoir des compositeurs et des entrepreneurs? Dernièrement, n'a-t-on pas vu le parti-pris des choristes de chanter en asthmatiques, ébranler l'autorité d'un haut fonctionnaire qui, certes, tient à son autorité, et ne la laisse pas volontiers tomber en quenouille.

M. Saint-Léon, dans son remarquable traité de *Sténochorégraphie*, exige formellement que les danseurs sachent à fond la musique. Il est visible, cependant, que l'intonation leur est inutile pour l'exercice de leur art, où le rhythme seul est indispensable. Mais il l'est bien : sans lui, toute danse devient insipide, ou mieux, n'est plus qu'une saltation déréglée dont l'homme de goût s'empresse de détourner les yeux.

M. Saint-Léon semble bien exigeant. Mais, étant données l'incontestable nécessité pour les danseurs d'acquérir la connaissance pleine et entière du rhythme, et l'incontestable impossibilité d'acquérir cette connaissance indépendamment de l'intonation, si l'on se borne aux procédés usuels, l'auteur de la *Sténochorégraphie* a dû vouloir que les danseurs se fissent tout à fait musiciens. Peu d'entre eux ont suivi sa recommandation ; accablés par les études si fatigantes de leur art, ils n'ont pas eu le courage d'aborder l'étude non moins fatigante de la musique par les moyens ordinaires.

La langue des durées de M. Aimé Paris leur permettant d'acquérir très-vite et très-facilement la connaissance et la pratique précise du rhythme, sans aucun souci de l'intonation, ceux d'entre eux qui ne danseraient pas en mesure seraient désormais sans excuse; qu'ils y songent : cette précision de mouvements qu'ils admirent chez Mlle Mourawieff, et qui est un don de la nature, cette qualité précieuse sans laquelle, dans la danse aussi bien que dans la musique, « tout reste incompris, décoloré, » ils peuvent tous l'acquérir en quelques mois, en prononçant à distances égales les syllabes de certains mots.

Si les masses dansantes recevaient ainsi l'instruction rhythmique, elles ne donneraient plus le triste et scandaleux spectacle d'un charivari, toutes les fois qu'un chorégraphe imprudent les charge de faire résonner sur le théâtre quelques instruments de percussion : castagnettes, tambours de basque, tambourins, timbales ou cymbales. C'est un voyage sans issue à la découverte du *temps fort*, que l'on ne découvre jamais. Et ce que nous disons ici des masses dansantes, nous pourrions le dire souvent, et en toute justice, de la plupart des premiers sujets.

La langue métrique est applicable par extension à tous les exercices du corps, à toutes les manœuvres qui demandent la régularité rhythmique des mouvements. L'auteur de ces lignes pourrait être à tout jamais classé parmi les ingrats, s'il manquait l'occasion de dire que le peu qu'il sait de l'art de nager, pour lequel il avait une vocation des plus médiocres, il le doit au *ta-fa-té-é* de M. Aimé Paris, assidûment répété au sein de l'onde amère.

« Que de choses dans un menuet ! » disait Vestris, le *Diou* de la danse. Que de choses dans *ta-fa-té-fé-ti-fi* oserons-nous dire, nous qui ne sommes ni le *Diou* de la danse, ni le *Diou* de quoi que ce soit. Et pourquoi toutes ces choses, et plusieurs que nous oublions, n'y seraient-elles pas ? Les conséquences heureuses d'une invention basée sur les vrais principes doivent être en nombre preque illimité.

Une machine matérielle ingénieusement conçue et habilement exécutée transforme et vivifie toute une branche d'industrie. Nul de nos jours peut-il nier l'efficacité de semblables machines ? De même, une machine intellectuelle ingénieusement conçue et habilement exécutée transforme et vivifie toute une branche de l'art. Il n'y a rien là qui doive faire tomber les gens sensés en stupéfaction.

Dans un dernier article nous signalerons et nous examinerons rapidement quelques autres inventions non moins utiles, non moins ingénieuses, de l'inépuisable M. Aimé Paris.

III.

On ne se tromperait pas, en attribuant en grande partie l'infériorité relative de la civilisation du Céleste empire aux complications de l'écriture chinoise. Les progrès sont bien difficiles, en effet, là où le moyen suprême de communication des idées à travers le temps et l'espace est le monopole du petit nombre de personnes qui peuvent consacrer dix, vingt et même trente ans à se l'approprier.

C'est dans les vocabulaires techniques, dans les notations, les méthodes, les formules, les dictionnaires et le reste de ce qu'on peut nommer *l'outillage intellectuel,* que viennent se concentrer, et si nous osions dire, *se capitaliser*, les richesses acquises au prix des efforts de quelques hommes supérieurs. Un candidat à l'École polytechnique peut résoudre aujourd'hui, comme en se jouant, des problèmes qui, jadis, eussent exigé toute la force de tête, toute l'attention d'un Pascal.

Il faut donc aider, et non pas entraver, ainsi qu'on le fait presque toujours, les gens de talent et de bonne volonté qui, comme M. Aimé Paris, consacrent leur vie à augmenter l'héritage de la science et à le transformer, par des vocabulaires, des notations, des formules et des appareils, en monnaie assez commode pour circuler de main en main, et rendre aux échanges d'idées les mêmes services que l'autre monnaie rend aux échanges matériels.

La langue des durées, dont nous avons tant parlé, fut improvisée à Strasbourg, en 1829, par M. Aimé Paris, pour remédier aux inconvénients d'un appareil de son invention, où les divisions et les subdivisions rhythmiques étaient indiquées par des baguettes frappant sur des cases de diverses couleurs. Cet appareil suffisait ou peu s'en faut aux grandes personnes qui suivaient le cours; mais les enfants n'en comprenaient pas bien les indications. Ce que voyant, M. Aimé Paris imagina, séance tenante, comme expédient et pour la partie la plus juvénile de son auditoire, n'osant proposer ce singulier moyen aux adultes, la combinaison de voyelles et de consonnes dont nous avons tenté de donner un aperçu. Le résultat fut instantané, pour ainsi dire, et à la leçon suivante, les grandes personnes demandèrent la langue des durées qui, sauf certains perfectionnements en très-petit nombre, reçut du premier coup la forme que nous lui voyons, et que très-certainement elle gardera.

La nécessité de modifier la terminaison du nom des notes pour exprimer la présence des dièses ou des bémols, avait été reconnue longtemps avant M. Aimé Paris. Framery proposa un système; mais sa proposition n'eut pas de suites. Le grand mérite de M. Aimé Paris dans l'établissement de la langue des dièses et des bémols simples ou doubles, est d'en avoir choisi les éléments avec une grande sagacité. Ne pouvant prendre aucune des voyelles employées dans les noms des notes dites naturelles, puisqu'en les prenant il serait précisément retombé dans la confusion qu'il avait pour but de faire disparaître, il a voulu que l'*è* ouvert, joint à la consonne du nom primitif, fût le signe du dièse, la diphtongue *eu* celui du bémol, et l'*i* placé devant l'*è* ou l'*eu* celui du double dièse ou du double bémol. L'*è* ouvert a quelque chose de brillant, assez analogue à l'effet du dièse, et l'*eu* quelque chose de sombre, assez analogue à celui du bémol. Peut-on d'ailleurs trouver de meilleures conventions pour atteindre le but? M. Paris, nous en sommes sûr, est prêt à les accepter.

Dans ce système, une seule difficulté se présentait : le *sol* et le *si* commençant par la même consonne, l'auteur affecte au *sol* frappé de dièse ou de bémol l'articulation *je*, tiré du nom *gé* donné à cette note dans l'écriture grégorienne, dont se servent encore les facteurs de pianos pour désigner les chevilles où aboutissent les cordes. A ceux que ce changement de nom pourrait offusquer, nous ferons remarquer qu'ils ont accepté sans difficulté la substitution de *do* à *ut*, pour une simple raison d'euphonie.

Ainsi, *tè, rè, mè,* signifient *ut, ré,* et *mi* dièses ; *teu, reu, meu* : *ut, ré* et *mi* bémols, *tiè, riè, miè* et *tieu, rieu, mieu,* expriment *ut, ré* et *mi* doubles dièses et doubles bémols.

On conçoit l'utilité d'une pareille langue, qui permet de désigner avec une seule syllabe le son précis qui doit être solfié par l'élève ou indiqué par le professeur. N'est-il pas, en effet, ridicule et dangereux de n'avoir dans la solmisation que la seule syllabe *ré* pour exprimer les cinq idées du *ré* dit naturel, du *ré* dièse, du *ré* bémol, du *ré* double dièse et du *ré* double bémol ? Nous n'insistons pas, tant la chose nous paraît évidente.

M. Paris n'avait pas de précédents, comme pour la langue des dièses et des bémols, lorsqu'il a créé ses syllabes de mutations. On sait que le système de Rousseau, continué sur ce point par Galin, consiste à ramener, quant au nom des notes et aux rapports d'intervalles, toutes les gammes à une seule. Donc, dans ce système, la tonique doit toujours se nommer *ut,* la dominante *sol,* la sensible *si,* etc., quel que soit le point de départ de la gamme relativement au diapason.

La modulation, si fréquente dans notre musique, rendait parfois très-difficile l'application de ce principe fécond entre tous. Les syllabes de mutations formées d'éléments empruntés au nom de note qu'il faut quitter et à celui qu'il faut prendre, font disparaître toutes les difficultés comme par enchantement. Avec leur secours, des voix non accompagnées peuvent moduler aussi facilement, aussi solidement que l'orgue ou le piano. Donnez-vous-en donc à cœur-joie, messieurs les novateurs ! modulez à perte de vue, renversez tous les principes de la véritable musique vocale, en y faisant régner le style particulièrement propre à la symphonie, les élèves de l'école Galin-Paris-Chevé, grâce aux syllabes de mutations et aux signes graphiques de ces syllabes, inventés aussi, nous le croyons du moins, par M. Aimé Paris, liront à première vue, et toutes les parties à la fois, les belles choses qu'il vous plaira d'écrire.

Ils l'ont bien prouvé le soir où M. Wagner est venu à l'École de Médecine leur proposer la lecture à première vue, et toutes les parties à la fois, du chœur des Pèlerins du *Tannhœuser,* dont la modulation bravait depuis trois mois au moins les efforts des choristes de l'Opéra. Ils ont franchi l'obstacle infranchissable en se jouant. Après cela, niez, si vous en avez le courage, l'efficacité des syllabes de mutations !

M. Paris a créé une langue modale que nous voudrions voir adoptée dans la pratique de l'école à laquelle il a donné son nom. Cette adoption ferait disparaître la dernière objection des adversaires de cette école en rendant inutiles les mots sacramentels *ut, ré, mi,* etc. Sans doute, lorsque ces mots furent dégagés de l'hymne de saint Jean, ils eurent pour destination d'exprimer le premier, le second et le troisième degré de l'hexacorde, comme dans le système de Rousseau, ils ont pour destination d'exprimer le premier, le second et le troisième degré de notre gamme majeure. Ils n'avaient rien à démêler avec le diapason, qui n'existait pas, et n'était pas près d'exister.

Mais une longue possession, et l'influence absorbante de la musique instrumentale, ayant affecté chacun de ces noms à la désignation d'une touche du clavier, il serait bon, nous le croyons fermement, et nous le répéterons à satiété, de s'en passer dans la musique purement vocale, dont les points de repère naturels sont les fonctions des sons dans la gamme (tonique, dominante, sensible, etc.), et nullement des sons fixes issus du diapason, qui n'est qu'un point de repère matériel et tout à fait de convention.

Les musiciens du système usuel crient à l'abomination de la désolation, lorsqu'ils entendent nommer *ut* une tonique qui n'est pas *l'ut* du clavier. Leurs cris n'auraient plus ni raison, ni prétexte, s'ils l'entendaient nommer *to,* par abréviation du mot : *tonique.* L'avantage d'anéantir une objection sans cesse reproduite n'est pas, d'ailleurs, le seul qui résulterait de l'adoption de la langue modale dont nous parlons. Dans cette langue, chaque mot syllabique étant formé d'une articulation et d'une voyelle qui ne se rencontrent pas dans les autres mots, les mutations nécessaires pour les modulations se trouveraient effectuées par la simple substitution de la voyelle du nom nouveau à celle du nom à quitter, la consonne restant la même. Un exemple fera mieux comprendre ceci : la tonique se nommant *to* et la médiante se nommant *mé,* pour moduler à la tierce supérieure, il suffirait de substituer *o* à *é,* dans le mot *mé,* car *o* étant la voyelle exclusivement affectée à la tonique, en la prononçant dans l'acte de la solmisation, on comprendrait de suite que le son jadis médiante a reçu la fonction de tonique, et le reste des noms en dériverait tout naturelllement.

De tous les ouvrages de M. Paris, celui qui, à notre avis, donne l'idée la plus facile à saisir de son esprit d'ordre, de son infatigable patience, de son extrême sagacité, de cette merveilleuse industrie qui lui fait tirer des diverses combinaisons des éléments donnés toutes les applications utiles, est son *Manuel pratique et progressif de musique vocale* (1). Ce livre est à la fois un solfége, un traité d'analyse mélodique

---

(1) Un volume grand in-8°. — Caen, Poisson, éditeur.

et un recueil d'airs de nos chansons populaires, beaucoup plus complet que la *Clef du Caveau*, puisqu'il contient 2,437 de ces airs.

Solfége, le manuel de musique vocale présente, par l'intelligente classification de ses éléments, la progression la plus parfaite qu'on ait jamais établie dans les ouvrages destinés à l'enseignement musical. Les difficultés de l'intonation et du rhythme y sont si bien préparées par l'ensemble des antécédents, que, lorsque l'élève les aborde, elles ont perdu presque tout ce qui leur donnait le caractère de difficultés. C'est le plan incliné le plus doux qu'on ait établi pour ménager les forces et faire atteindre le but sans fatigue. Quant à l'attrait qu'un tel solfége donne aux études, il suffit de dire qu'il est formé de ces airs populaires, si francs, si mélodieux, si bien constitués pour se graver instantanément dans toutes les mémoires.

Traité d'analyse mélodique, ce livre contient, à la fin de chaque morceau, toutes les questions que le professeur doit adresser à l'élève pour lui faire découvrir et signaler les modulations complètes, les simples tendances à moduler, les rentrées, les cadences complètes ou incomplètes, les indices du mode et les diverses combinaisons du rhythme. Indépendamment des connaissances théoriques, ces questions ont l'avantage tout pratique de donner à l'élève des notions positives sur l'art de phraser.

Malgré notre grand désir d'aller vite, nous ne pouvons passer sous silence la partie du manuel qui traite du mode mineur. On sait qu'avec les moyens donnés par les méthodes usuelles pour déterminer ce mode, il reste parfois incertain dans les phrases incidentes et dans les parties intermédiaires d'un morceau dont on n'a pas l'harmonie complète sous les yeux. Avec cette puissance d'analyse qui ne laisse rien échapper, M. Paris a découvert et exposé dans son Manuel, des indices de la présence du mineur, tirés de certains faits rhythmiques et de certains faits d'intonation. La réunion de quelques-uns de ces indices, dont les traités de musique ne laissent pas même soupçonner l'existence, permet d'affirmer que le passage est en mode mineur, même lorsqu'il ne contient aucune des particularités modales considérées pendant si longtemps comme les seules dont on pût faire usage. Nous signalons à toute l'attention des didacticiens les indices découverts par M. Paris. Ils jettent une vive lumière sur un point jusqu'à eux fort médiocrement éclairé.

Recueil d'airs populaires, le manuel a, sur la *Clef du Caveau*, le double avantage de contenir plus de morceaux et de coûter beaucoup moins cher, grâce à l'impression en chiffres, qui permet le tirage à la presse tythographique. Ce qui en fait un livre unique, non seulement parmi les livres ayant la musique pour objet, mais encore parmi tous les autres, c'est l'ensemble des tables dont il est muni pour rendre les recherches promptes et sûres. Dans cette masse de plus de 2,400 airs, on trouve à l'instant même celui qu'on veut ; quelle différence avec la *Clef du Caveau*, où les investigations sont toujours laborieuses et difficiles, parfois impossibles !

Si vous ne savez que les premières paroles d'un air, ce que les vaudevillistes nomment son *timbre*, vous le trouvez au moyen de la table spéciale des *timbres*. Si vous ignorez ce *timbre* et que vous sachiez de quel ouvrage est tiré l'air, ou qui l'a composé, vous le trouvez au moyen de la table par titres d'ouvrages ou de celle par noms d'auteurs ; si toutes ces indications vous manquent, et que vous connaissiez seulement le *caractère* de l'air cherché : valse, boléro, allemande, menuet, etc., vous le trouvez sur la table des *caractères*. Enfin, si vous ignorez ses premières paroles, le nom de son auteur ou celui de l'ouvrage d'où il est tiré, et son *caractère*, et que ses premières notes soient seules restées dans votre mémoire, vous le trouvez, avec ces premières notes, au moyen de la table où les airs sont indiqués par les débuts de leurs mélodies.

Avec la notation usuelle, l'établissement de cette dernière table des airs par ordre mélodique était absolument impossible. D'où serait-on parti pour la dresser, sur quels points de repère se serait-on appuyé ? Nous ne le devinons pas ! La réduction de tous les airs à l'écriture du ton d'*ut* et la notation en chiffres ont fait disparaître l'impossibilité comme par enchantement. Au lieu de l'ordre alphabétique des dictionnaires, on a l'ordre numérique, dont l'alphabétique n'est qu'un reflet. Cela se comprend sans efforts. L'*ut* étant exprimé par le signe 1, le *ré* par le signe 2, etc., tous les airs commençant par *ut*, c'est à dire par la tonique, formant la catégorie 1, ceux commençant par *ré*, c'est à dire par la sustonique, forment la catégorie 2 et ainsi du reste. Rien n'est plus commode pour les recherches qu'une pareille classification.

L'idée première de cette table des matières par ordre mélodique et numérique, appartient à Galin. Il l'émettait dans ses conversations pour faire voir qu'il était facile de réaliser, avec la notation en chiffres, des choses inabordables avec la notation usuelle. Il reste à M. Paris l'honneur d'avoir appliqué l'idée de son maître avec une intelligence rare, une force de volonté non moins rare et un grand sentiment de l'utile.

Et cette table mélodique des airs, précédée de toutes celles dont nous venons de parler, n'épuise pas la série des moyens d'investigation mis à la disposition des travailleurs par le *Manuel*. Cet ouvrage ayant paru par livraisons, de nombreux renseignements ont été trouvés par M. Paris, ou lui ont été fournis pendant le cours de sa publication. Il les a réunis dans une table complémentaire, établie, comme les autres, sur un ordre qui rend les recherches plus que faciles.

On ne saurait être plus complet et plus ingénieux.

Le fait suivant fera connaître mieux que toutes les phrases du monde la facilité, la sûreté avec lesquelles M. Paris invente des systèmes de signes. Il nous signalait en causant, les défauts d'une sténographie musicale, proposée il y a vingt ans environ par un sténographe renommé. « Ne serait-il donc pas possible, lui dîmes-nous, de créer une bonne sténographie musicale ? elle serait bien utile, aux critiques surtout. » Il réfléchit un instant, compta sur sa main, dont, par des conventions simples et très-ingénieuses, il a fait une sorte de machine à calculer : « Rien n'est plus facile, répondit-il. On peut trouver des signes sténographiques pour tous les éléments. » Et il n'en fut plus question. Quatre jours après, il nous remit, sans dire un seul mot et de l'air le plus paisible du monde, un rouleau de papiers. Ce rouleau contenait vingt exemplaires de la *Sténographie mélodique*. En quatre jours, M. Paris l'avait inventée, l'avait fait copier sur papier gras, transportée sur pierre lithographique et tirée à cent exemplaires.

Vérification faite, il se trouva que cette invention, si vite conçue, si vite réalisée, résolvait définitivement le problème. La partie rhythmique surtout y est traitée d'une manière surprenante, et c'est précisément celle-là qui arrêtait tout le monde. Un seul signe placé à la fin du monogramme, exprime avec la plus parfaite exactitude toutes les fractions dont est formé le *temps*, quelles que soient ces fractions et la nature de leurs éléments : articulations, prolongations ou silences.

Une petite formule mnémotechnique improvisée sur-le-champ nous mit en pleine et entière possession de l'alphabet de la *sténographie mélodique*, et, depuis, nous nous en servons au besoin, surtout aux premières représentations d'opéras, pour certains motifs dont la conservation nous permet de donner plus de précision à nos comptes-rendus.

De tous les appareils imaginés par l'inépuisable inventeur, celui que nous connaissons le mieux est l'*OEdipe musical*. Sur des réglettes sont écrits tous les noms de notes par ordre de quinte ascendante, depuis le double bémol le plus grave, jusqu'au double dièse le plus aigu ; en juxtaposant ces noms de notes de manière à former la mélodie qu'on veut vérifier, il se trouve que, d'un seul coup, on l'a formée dans tous les tons possibles, et comme sur les réglettes une couleur particulière est affectée aux notes dites naturelles, une autre aux notes diésées, etc., on peut discerner à l'instant le ton le plus simple et le plus compliqué, et réduire à la forme la plus saisissable, les rébus dont certains compositeurs amis du mystère manquent rarement d'*illustrer* leurs élucubrations. Rien n'est plus commode que l'*OEdipe* pour débrouiller les partitions de musique militaire, où, par le fait des tons des instruments, pas une partie n'est écrite comme elle doit être entendue. Il les faut toujours solfier en supposant des clefs. C'est ce qu'on nomme, par excellence, l'écriture qui parle aux yeux.

Nous ne connaissons pas de moyen plus commode et plus efficace que les réglettes de l'*OEdipe* pour enseigner les renversements et les diverses positions des sons dans les accords.

Sous le nom de *Panotiscope,* M. Paris a produit un appareil qui, au moyen d'un triangle proportionnel, fait éclater la vérité du principe de l'identité des gammes dans tous les tons, quant à leurs éléments constitutifs de tonique, dominante, etc. A cet appareil, l'inventeur a joint un monocorde qui, divisé par un chevalet, complète, pour l'oreille, la démonstration qui a déjà frappé l'œil ; on ne saurait mieux aller à la raison par deux routes. Des principes du *Panotiscope*, il a tiré les éléments d'un autre appareil tout récemment construit, lequel, en raison de sa forme très-simple et de son prix très-modéré, rendra de grands services aux professeurs et aux élèves. Nous ne le décrivons pas ici, car l'efficacité des choses de ce genre ne peut être entièrement démontrée que par les applications.

Est-ce là tout ? Non, sans doute ! ce n'est pas même la centième partie des inventions de M. Aimé Paris. Mais qui pourrait suivre cet inépuisable, cet infatigable, cet inconcevable travailleur ? En avons-nous assez dit pour faire comprendre et apprécier ce qu'il a pu faire ? Nous osons à peine l'espérer ! Quoi qu'il en soit, nous n'en dirions jamais assez, dans l'espace dont nous pouvons disposer, pour signaler tout ce qu'il a fait.

Nous n'ajouterons qu'un mot. Systématiquement, nous avons dû éviter ici d'entrer dans les détails du traité de mnémotechnie : de l'art d'aider le souvenir, M. Paris a fait une véritable science, et nous osons affirmer d'après notre expérience personnelle, que l'application des progrès de cette science rendrait à l'étude de l'histoire, de la géographie, des langues, de la jurisprudence et de beaucoup d'autres choses, d'aussi grands services que ceux rendus à l'étude de la musique par les inventions de cet homme ingénieux.

Son existence a été bien dure. Qu'il se console et surtout qu'il vive longtemps. L'auteur de tant de choses utiles ne peut rester longtemps méconnu dans une époque aussi parfaitement amoureuse de l'utile que l'est la nôtre. Les prodiges de l'outillage matériel doivent faire comprendre ceux qu'on peut espérer de l'outillage intellectuel, doté par M. Aimé Paris de tant d'inventions auxquelles il n'a manqué, pour produire des résultats hors ligne, que le moteur sans lequel rien ne marche bien dans notre belle France : la consécration officielle.

ALEXIS AZEVEDO.

Dieppe. — Émile Delevoye, imprimeur.

www.ingramcontent.com/pod-product-compliance
Lightning Source LLC
Chambersburg PA
CBHW070544050426
42451CB00013B/3171